AF310127

11881/2
19061/2

2636.

24973

ESSAI

SUR

LA PEINTURE,

LA SCULPTURE,

ET

L'ARCHITECTURE.

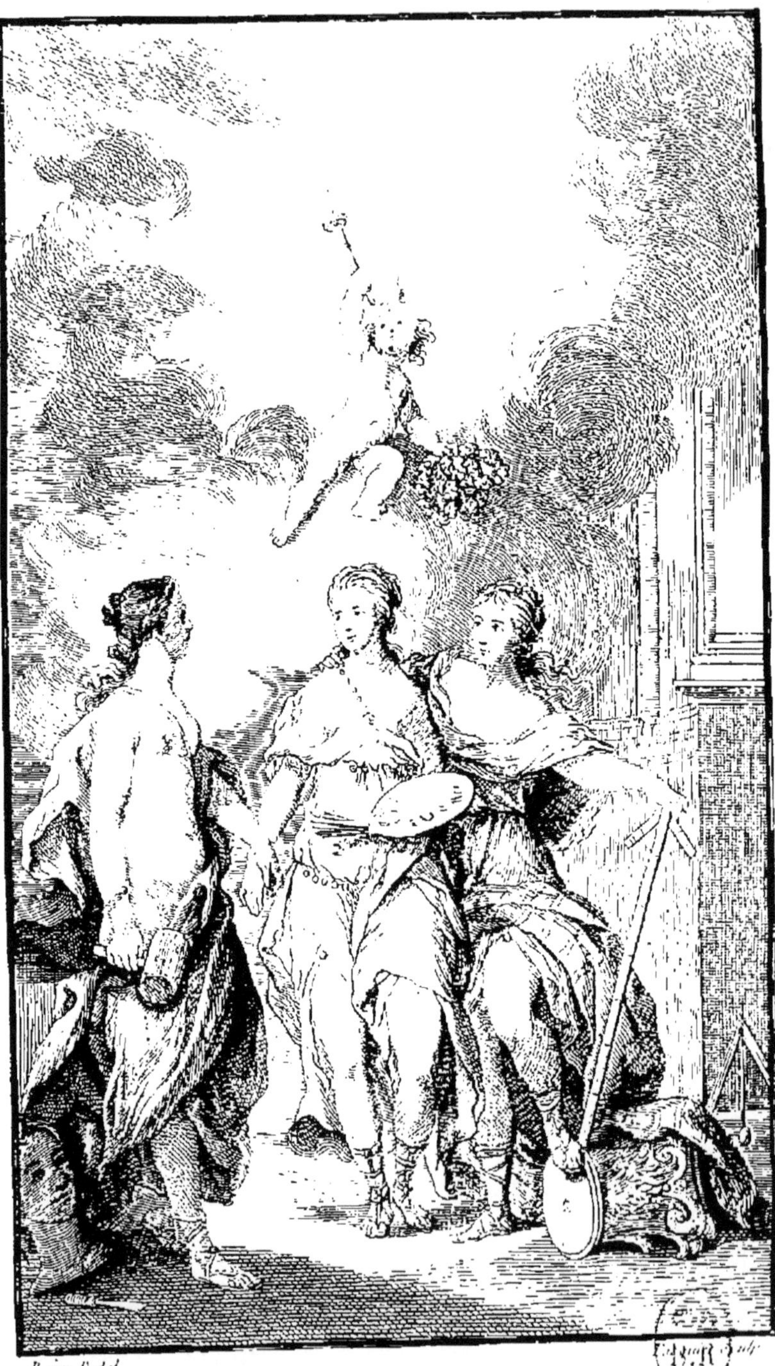

B. inv. P. del.
.... facies non omnibus una,
Nec diversa tamen : qualem decet esse sororum.
Ovide metam. lib.

ESSAI

SUR

LA PEINTURE,

LA SCULPTURE,

ET

L'ARCHITECTURE,

Par M. de B********

SECONDE EDITION,

REVUE, CORRIGÉE ET AUGMENTÉE.

. . . . Facies non omnibus una,
Nec diversa tamen : qualem decet esse sororum.

Ovid. Metam. L. 2.

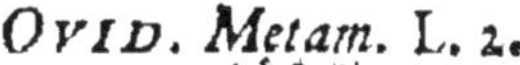

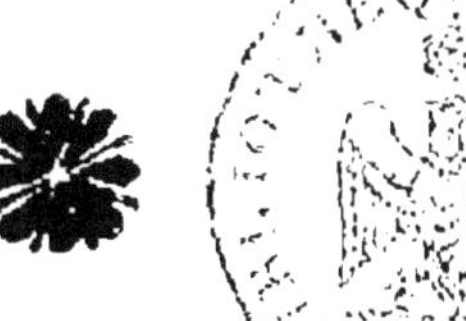

M. DCC. LII.

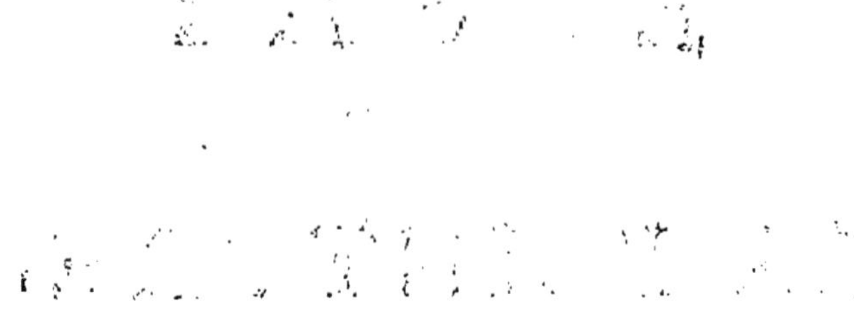

AVERTISSEMENT.

Q UAND j'ai commencé ce petit Ouvrage , je n'avois que l'intention de lui donner la forme d'une Lettre. Je voulois fimplement répondre aux queftions d'un Ami * de diftinction qui m'en avoit preffé; mais infenfiblement l'Ouvrage s'étant beaucoup étendu , j'ai cru devoir lui donner une autre forme , fous le titre d'*Effai*. Effectivement on ne peut guères le qualifier autrement , & encore cet *Effai* eft-il bien fuperficiel , puifque je n'ai fait qu'effleurer des matières qui demanderoient bien plus de difcuffion : mais peu de talent,

* M. de Sainte Palaye de l'Académie Royale des Infcriptions & Belles-Lettres.

A

ij *AVERTISSEMENT.*

nulle pratique, beaucoup d'inclina-
tion pour cette vie qu'Horace carac-
térife fi bien dans une de fes Saty-
res *, ne m'ont pas permis d'aller
plus loin. Un grand loifir, & peut-
être quelque goût naturel, aidé par
les circonftances, m'ont feulement
mis à portée de m'occuper quelquefois de ce qui concerne les Beaux
Arts. Je demande donc à ceux qui me
liront, fi je puis me flatter d'être lû,
un peu d'indulgence pour cette foible
production, en faveur des motifs qui
me l'ont fait entreprendre.

J'ai voulu prouver dans cet écrit,
qu'avec quelques difpofitions naturelles, aidées d'une bonne éducation,

.......* Nunc fomno & inertibus horis
Ducere follicitæ jucunda oblivia vitæ.

Satyr. 6. L. 2.

on pouvoit acquérir bien des lumiè-
res, fur-tout en s'apppliquant, en
réfléchiffant, en comparant. Je m'ef-
timerois trop heureux, fi mon *Effai*
pouvoit produire cet effet fur quelques-uns de mes Lecteurs, & les encourager à fuivre les routes que je
n'ai fait qu'indiquer. Ce feroit leur
procurer de nouveaux plaifirs, plus
honnêtes fans doute que beaucoup
d'autres, & peut-être auffi amufans.
C'eft dans cette vûe, que j'ai feint dans
mon Ouvrage des promenades, & des
converfations avec un Ami fenfible &
homme d'efprit : c'eft un éxemple que
je donne ; on peut le fuivre, il ne
peut qu'intéreffer, flatter l'amour
propre, & être de quelque utilité.

Je n'en dirai pas davantage à ce
fujet. Quelques Amis m'ont fouvent

répété que quelquefois je parlois trop peu, & d'autrefois trop longuement fur ces matières. A l'égard du premier reproche, je crois ne devoir pas m'en juftifier : mais ne pourrois-je pas répondre au fecond, que l'on eft aifément prolixe quand on parle de ce qu'on aime, & qu'il eft bien rare de ne pas ennuier ceux qui n'ont pas les mêmes inclinations que nous.

Si, entre les Artiftes qui verront cette ébauche, quelques-uns d'eux penfent que j'ai eu tort d'écrire fur des Arts que je n'ai point pratiqués; * (outre qu'heureufement je ne fuis pas le feul) je puis leur répondre, qu'ils feroient fort à plaindre, s'il n'étoit permis qu'à leurs Confrères de s'y

---

* Nous avons fur ces matières plufieurs excellens Ouvrages : leurs Auteurs n'étoient point Artiftes.

connoître & d'en parler : souvent leurs Ouvrages ne seroient peut-être pas assez loués à leur gré. Ceux qui courent la même carrière sont pres- que toujours rivaux , & souvent ri- vaux jaloux. Je ne suis pas dans le cas , & j'ai toujours fait un de mes plus chers plaisirs de voir , d'admirer , de louer les Ouvrages & les talens de ceux d'entre nos plus célébres Artistes que j'ai eu l'avantage de connoître.

On pourra peut-être dire encore , après la lecture de cet *Essai* , qu'on n'y trouve rien de neuf , & qui même n'ait été imprimé plusieurs fois ; j'en conviendrai sans peine : mais , outre que les mêmes matières y paroissent sous une autre forme , mon Ecrit a du moins le petit mérite de rassembler bien des choses éparses ailleurs. Par-là j'épargne la peine de les chercher où elles font. Au refte je n'ai pas prétendu écrire pour ceux qui font déja *Connoiffeurs,* mais pour ceux qui veulent le devenir.

.........Fungar vice cotis, acutum
Reddere quæ ferrum valet, exfors ipfa fecandi.

     HORAT. Art. Poët.

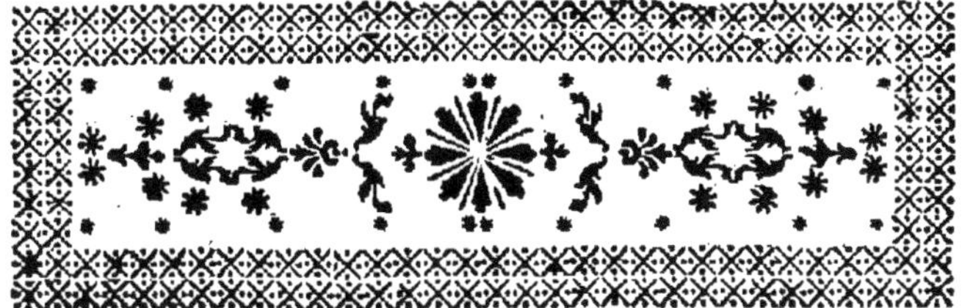

ESSAI

SUR

LA PEINTURE,

LA SCULPTURE,

ET

L'ARCHITECTURE.

LA PEINTURE.

J'ENTENS tous les jours dire dans le Monde, même à des gens d'esprit, qu'ils ne se connoissent point en Peinture : j'avoue que ce discours souvent répété m'a souvent impatienté. Ceux qui tiennent ce langage font de plufieurs efpéces. Les uns l'affectent par je ne fçais quel orgueil fecret, fort mal-entendu fans doute, & comme pour fe vanter de leur ignorance ; & voici ce que cela fignifie (ils n'ofent le dire, mais c'eft comme s'ils le difoient) *Je fuis un homme d'efprit, qui ne me fuis jamais amufé de ces bagatelles, je me fuis occupé de chofes plus importantes.* D'autres encore plus ridicules, difent à peu près la même chofe, mais voici ce qu'ils veulent faire entendre : *Je fuis un homme de plaifir, un homme élégant, un voluptueux, un homme à bonne for-tune, trop aimable, trop recherché pour avoir eu le loifir de penfer à ce qu'on appelle* Beaux Arts, Sciences *& autres miferes ennuieufes à périr pour gens de mon efpéce.* D'autres plus eftimables, qui n'ont que du bon Sens, & à qui des circonftances, ou des occupations forcées ont enlevé la meilleure partie de leur

tems, avouent de bonne foi, que ne s'é-
tant jamais appliqués aux choses de goût,
ils n'en ont aucune connoissance. C'est à
ces gens que je voudrois parler, & je les
en crois dignes. Voici à peu près ce que
je pourrois leur dire : Vous êtes hommes
de bon Sens & de bon esprit, il ne vous
manque qu'un peu de réflexion & d'application, pour devenir ce qu'on appelle
Connoisseur : & pour gagner du tems, j'i-
rois tout d'un coup aux exemples. Quand
vous regardez un Tableau, leur dirois-je,
ne faites pas comme ceux qui ont des
yeux & qui ne voient rien, qui regardent sans rien appercevoir. Si c'est un
Tableau d'Histoire, examinez si le Peintre a bien rendu l'action qu'il a voulu
représenter. Ceci demande quelque ex-
plication, la voici : Quand le Tableau
représente un événement triste, si l'attitude, si l'expression répandue sur les
visages des Figures qui entrent dans sa

compoſition, annonce de la triſteſſe; ſi
vous en reſſentez vous-même en le re-
gardant, ſoiez ſûr que ce Tableau a déjà
un des principaux mérites que ces ſortes
d'ouvrages doivent avoir. Si c'eſt un ſu-
jet gai, & qu'il excite en vous un ſenti-
ment de gaieté, portez-en le même jugement : il en eſt ainſi de tous les autres
genres. Si c'eſt un Païſage, vous avez été
à la Campagne, ajouterois-je, vous vous
y êtes promené; il n'eſt pas que vous
n'aiez rencontré quelquefois des endroits
qui vous aient paru agréables, où vous
vous ſoiez arrêté quelques momens avec
plaiſir, & où même vous aiez deſiré
d'avoir une habitation, que la ſolitude,
l'air champêtre, le coup d'œil de la Nature rendroient aimable. Si le Tableau
vous rappelle ces idées, prononcez har-
diment; Voilà un beau Tableau. Il en eſt
de même de ceux qui repréſentent les
Saiſons, les Marines, les Naufrages, les

Déserts : en un mot, tous ceux qui rendent la Nature comme vous l'avez vûe, & comme elle est, font de bons Tableaux en ce genre.

Pour les Portraits tout le monde peut se connoître à la ressemblance, hors quelques esprits bourrus, qui pour faire les grands Connoisseurs, affectent de ne pas trouver ressemblans ceux qui le font le plus. A l'égard des accompagnemens d'un Portrait, comme les draperies, les attitudes, la couleur, la touche ; ce font des choses qui demandent un peu plus de réflexion & de connoissance, mais qui ne font pas si difficiles à acquérir que la plupart des gens se l'imaginent. Revenons aux Tableaux d'Histoire dont je me suis trop écarté, & trop tôt.

Quel est l'homme d'esprit, pour peu qu'il soit sensible, qui ne se sente extrêmement affecté, quand il voudra regarder avec attention le beau Tableau où feu

M. *Antoine Coypel* *, Premier Peintre du
Roi, a repréſenté le Sacrifice de Jephté?
Qui n'éprouvera les mêmes ſentimens à
la vûe du Sacrifice d'Iphigénie peint par
M. *Charles Coypel*, digne fils du précé-
dent, & qui remplit ſi bien aujourd'hui
la même place **? Ce ſont à peu près les
même ſujets; mais quelle variété dans
la compoſition, dans les attitudes, & dans
les expreſſions! Que d'eſprit, que de nobleſſe, que de fineſſe & d'élégance! Ceux
qui ne ſeront pas touchés vivement à la
vûe de ces chefs-d'œuvres, ſont des gens
qu'il faut laiſſer là, ſans leur parler de ces
ſortes de choſes : on ne parviendroit
jamais à leur en faire ſentir les beautés.

Je pourrois citer pluſieurs autres ou-

* *Antoine Coypel*, né à Paris en 1666. mort en 1722. fils
de *Noël Coypel*, né en 1629. à Paris, mort en 1707. frere
de *Noël-Nicolas Coypel*, né à Paris en 1692. & mort en
1737. & pere de *Charles Coypel*, aujourd'hui vivant. (1752)
** Le Sacrifice de Jephté, par *Antoine Coypel*, a été gravé
par *Duchange*, excellent Graveur de l'Académie. Celui d'I-
phigénie, par M. *Charles Coypel*, n'a pas été gravé & mé-
riteroit bien de l'être.

vrages de ces deux habiles Maîtres, fur lefquels il n'y auroit que les mêmes élo- ges à répéter. Le précepte d'Horace

.... *Si vis me flere, dolendum eft Primùm ipfi tibi*, *Art. Poët.*

peut être appliqué aux Peintres, aux Poëtes, * aux Auteurs de Piéces de Théâ- tre, aux Acteurs qui les jouent, & aux Orateurs : mais pour le bien fentir, & pour l'obferver dans toute fon étendue, il faut poffeder les qualités réunies dans les deux hommes de mérite dont je viens de parler. Heureufement nous avons au- jourd'hui dans nos différentes Académies, plufieurs hommes de ce genre : profitons- en, emploions-les, & fentons les belles chofes qu'ils font capables de produire.

Ce que je vais raconter, prouvera en partie ce que j'ofe avancer ici, & fervira à mener au but que je me fuis propofé, & que je propofe aux autres.

* *Ut Pictura Poëfis.*
Hor. De Art. Poët.

J'étois un jour dans les grands appartemens du Château de Verſailles avec un
Ami, homme de beaucoup d'eſprit, qui
devoit tout à la Nature, & à qui différentes occupations n'avoient pas laiſſé le
tems de s'appliquer à ce qui regarde les
Sciences & les Beaux Arts. Je lui avois
toujours connu aſſez de ſenſibilité & de
fineſſe dans l'eſprit, pour m'être perſuadé,
qu'il eût pénétré plus que perſonne dans
ce qu'on appelle les Myſtères de l'Art, ſi
ſon genre de vie lui avoit permis de s'y
appliquer. Je voulus me procurer le plaiſir d'eſſaier, ſi je ne pourrois pas parvenir
à lui en donner quelques idées. Nous
avions du loiſir, l'abſence de la Cour
nous laiſſoit preſque en ſolitude, il faiſoit
le plus beau tems du monde, le jour étoit
clair & ſerein. Je m'arrêtai à deſſein devant le magnifique Tableau de la famille
de Darius par M. *Le Brun* *, & voici à

* Charles *Le Brun*, né à Paris en 1618, mort en 1690.

peu près ce que je dis à cet Ami que je voulois mettre en voie de s'inſtruire.

Regardez, je vous prie, avec atten-tion ce Tableau : il y a longtems que vous le connoiſſez, mais obligé de paſſer ici rapidement pour aller vacquer à vos affaires, peut-être ne vous y êtes-vous jamais arrêté aſſez long-tems pour le bien éxaminer, & pour en ſentir toutes les beautés. Arrêtons-nous-y, puiſque nous en avons le tems, & je ſuis perſuadé que vous n'y aurez pas regret. Il repré-ſente, comme vous voiez, le moment où Alexandre, après avoir mis en fuite Darius & ſon armée, entre dans la tente où la famille de ce Prince malheureux s'étoit retirée.

Remarquez, que la première Figure qui attire les regards, eſt celle d'Alexandre. Cela devoit être ainſi, puiſque ce Prince eſt le principal perſonnage de cette Scène intéreſſante : il ſe diſtingue encore par la

beauté de fon vifage , & par la magnificence de fon armure ; on voit tout d'un
coup qu'il eft le Héros de la piéce : l'air
de fon vifage n'eft point celui d'un Héros
fanguinaire , échauffé par l'ardeur du
combat ; c'eft celui d'un Prince débon-
naire , & rempli d'humanité. Il ne vient
point , en vainqueur impitoiable , triom-
pher de fes ennemis & de fes captifs ; il
vient raffurer des Princeffes affligées que
le fort des armes a fait tomber entre fes
mains , il vient les confoler.

Il s'appuie légèrement fur les bras d'E-
pheftion fon favori , & un de fes principaux Capitaines. Quoiqu'Epheftion foit
jeune & noblement armé, fa Phifionómie
eft moins diftinguée que celle d'Alexandre ; on fent tout d'un coup , que le favori
n'eft là qu'en fecond. Voiez cette Femme
âgée , profternée aux pieds d'Alexandre ,
& qui les lui embraffe ; c'eft Sizygambis,
mere de Darius : remarquez la Femme à

genoux

genoux qui eſt derrière cette mere infor-
tunée : la nobleſſe de ſon viſage, ſon
diadême, & un jeune Enfant qu'elle pré-
ſente à ſon vainqueur, font connoître
que c'eſt la Femme du malheureux Roi
de Perſe. Cet Enfant, d'un âge trop peu
avancé pour ſentir ſon malheur, regarde
Alexandre avec la ſurpriſe que lui cauſe
la vûe de ce Héros qu'il ne connoît
point. Deux des Filles de Darius ſont auſſi
à genoux, comme vous voiez, derrière
leur mere : l'aînée, en âge de ſentir ſon
infortune, a les yeux baiſſés, elle pleure,
elle eſſuie ſes larmes. La plus jeune, derrière ſon aînée, joint les mains comme
pour demander grace, & regarde Alexandre avec un air de ſurpriſe & d'émo-
tion ; on croit même y démêler une eſ-
péce d'Admiration dont elle ne ſent pas
les conſéquences. On croiroit volontiers
qu'elle eſt plus occupée de la belle Figure du Héros qu'elle regarde, que de

B

l'événement préfent. Une Femme âgée qui eft derrière elle, femble vouloir la détourner de cette application, en lui montrant Sizygambis profternée, & dans l'état de la plus profonde humiliation. On voit fur le vifage de cette Princeffe un air de nobleffe qui y conferve encore quelques reftes de beauté, malgré la décrépitude de l'âge. Enfin tous les vifages, toutes les attitudes des Perfonnes repréfentées dans ce magnifique Tableau, ont les expreffions convenables à leur âge, à leur fituation, & à leurs conditions. On y remarque de la furprife, de la curiofité, de l'étonnement, de la douleur, du refpect, de l'admiration. Les uns prient, les autres implorent; leurs habillemens même indiquent la différence de leur état. Voiez dans ce coin, derrière ces Princeffes, un Efclave profterné la face contre terre : accoutumé à l'humiliation de l'efclavage, il fe cache le

vifage, il a les mains jointes par-deffus fa
tête, il n'ofe lever les yeux fur fes Maîtres. Cette héroïque Scène fe paffe fous
une Tente magnifique, dont le fond tient
prèfque celui du Tableau : elle eft fuf-
pendue à des arbres de la nature de ceux
du Païs où elle eft (attention que tous
les Peintres n'ont pas toujours eue.) On
y voit des Armes à l'ufage des Perfes,
différentes de celles des Grecs. En un mot
tout, dans ce Tableau, décéle l'efprit du
grand Peintre qui l'a compofé : il a ob-
fervé les coutumes des lieux dans les habillemens, & dans tout ce que les Italiens appellent *il Coftume*, mot auquel
nous n'avons point encore trouvé d'é-
quivalent. *

Après cet examen que j'abrégeai le
plus qu'il me fut poffible, car j'aurois eu
encore bien des chofes à dire en faveur

* Ce Tableau a été parfaitement gravé, 1°. par *Edelinck* ;
2°. dans une forme plus petite par *Benoît Audran* ; 3°. en
très-petit par *Sébaftien Leclerc*, tous excellens Graveurs.

de ce beau morceau, j'eus le plaifir de voir mon Ami fentir & goûter tout le mérite de cet ouvrage. Si vous voulez, lui dis je, nous irons examiner de même le Tableau de *Paul Véronèfe*, qui eft vis-à-vis celui que vous venez de voir avec tant de plaifir. J'efpère que vous ne trouverez pas notre tems mal emploïé. Très-volontiers, me répondit-il, les momens que nous venons de paffer avec M. *Le Brun*, m'ont paru courts, & agréablement remplis. Je crois, lui répliquai-je, que fon voifin ne vous amufera pas moins. Le terme *de voifin* me rappella le mot d'un Prélat Italien, Nonce en France, homme d'efprit & de goût, mais peut-être un peu trop prévenu pour les ouvrages de fon Païs, & peut-être auffi rendant trop peu de juftice à ceux du nôtre : ce Nonce étoit M. *Delfini*. Louis XIV. voulant lui donner une idée avantageufe de *l'Ecole Françoife*, le conduifit à l'Appartement où font les Tableaux de la Famille de Darius, & des Pélerins d'Emmaüs. Interrogé par ce Monarque, auquel des deux il donnoit la préférence, par ménagement pour M. *Le Brun* qui étoit préfent & que tous les Courtifans combloient d'éloge, il répondit ; *bella pittura, mà ha cattivo vicino* ; « Voilà un » beau Tableau, mais il a un méchant » voifin, » montrant le Tableau des Pélerins d'Emmaüs. On fent que le Prélat vouloit donner, par ce mot, la préférence au Peintre Italien fur le François : mais, en retournant les objets, n'auroit-on pas pû dire, avec autant de vérité, que le Tableau de la Famille de Darius étoit un dangereux voifin pour celui des Pélerins d'Emmaüs ? Voyons, fans partialité, ce qu'on en doit penfer.

Ce Tableau de *Paul Véronèfe**, Peintre

* Son nom étoit *Paul Caliari*, on l'appella *Véronèfe*, à caufe de Vérone fa patrie. Il mourut en 1588. âgé de 58. ans. Son Tableau des Pélerins d'Emmaüs, a été bien gravé par *Thomaffin*.

Vénitien, repréſente, comme vous voiez, Jeſus-Chriſt à table avec les Pélerins d'Emmaüs. Le Sauveur eſt au milieu d'eux, & au milieu du Tableau ; les deux Pélerins ſont aſſis, un à chaque bout de la table : tous les autres Perſonnages ſont debout, & en grand nombre. Selon toutes les apparences, celui qui a fait faire ce Tableau, s'y eſt fait repréſenter avec toute ſa Famille, & une partie de ſes domeſtiques. On croit que la plupart des têtes ſont des Portraits, ce qui eſt peut-être cauſe qu'on y trouve peu d'expreſſion. Vous voiez dans un des coins de ce Tableau, un Homme debout, & auprès de lui une Femme qui porte dans ſes bras un Enfant nud ; quelques perſonnes croient que c'eſt *Paul Véronèſe* lui-même, avec ſa Femme. Peut-être que le Perſonnage qui eſt debout, derrière un des Pélerins, eſt le Noble Vénitien pour lequel *Paul Véronèſe* a peint ce Tableau.

Tous les habillemens sont comme on les portoit à Venise dans ce tems-là, à l'exception de ceux du Christ, & des deux Pélerins, qui sont drapés de fantaisie & de grande manière, pour parler les termes de l'art.

Remarquez ces deux Enfans que voilà sur le devant & dans le milieu du Tableau au bas de la Table : ils badinent avec un grand Chien, qui tranquillement les laisse faire : en cela le Peintre a imité la Nature. Ce petit Groupe est d'une grande beauté ; les deux Enfans ont, comme vous voiez, de beaux visages qui représentent à merveille la douceur & la candeur de ce premier âge ; leurs habits sont magnifiques & d'étoffes fort riches. Près de ceux-ci, est un autre Enfant ; vous le voyez un genou en terre, il tient entre ses bras un petit Chien, il paroît se jouer avec lui, mais passons à des choses plus intéressantes.

B iv

Vous ferez fans doute fenfible à l'air de tête du Chrift : il regarde le Ciel, & a la bouche entr'ouverte fans doute, pour prier. Vous trouverez dans cette tête de la majefté, de la douceur, de la bonté, de la nobleffe, & pour ainfi dire, de la Divinité. Vous fentirez tout d'un coup, que ce vifage eft celui d'un homme d'un ordre bien fupérieur à tous ceux qui font repréfentés dans ce Tableau. Le Chrift éleve fa main droite, les doigts étendus, & paroît bénir le Pain qu'il tient dans fa main gauche, laquelle eft appuiée fur la Table. Le Peintre a voulu repré-fenter le moment de la Confécration du Pain, & il s'en eft bien tiré. Générale-ment parlant, toutes les têtes de ce Ta-bleau font belles, bien peintes, & de bonne couleur : quelques-unes ont de l'expreffion, le plus grand nombre n'en a point : une des plus caractérifées, eft celle d'un des deux Pélerins, il regarde le Chrift avec refpect & vénération : il marque par la pofition de fes bras & de fes mains, qu'il eft fenfiblement affecté de ce qu'il voit : il paroît pénétrer une partie du Myftère qui s'opère à fes yeux. Tout le fond du Tableau, comme vous voiez, repréfente une magnifique Architecture, peut-être peu convenable au lieu où fe paffe la Scène. *Paul Véronèfe* excelloit à ces fortes de fonds : il a eu de la complaifance pour lui même, & n'a pas eu le courage de fe reftreindre à une décoration plus fimple, qui par-là eût mieux convenu à l'endroit qu'il dévoit repréfenter. Mais peut-être aurions-nous tort de nous en prendre au Peintre de tous ces petits défauts de convenance : fans doute nous lui rendrions plus de juftice, en penfant que le Noble Vénitien qui lui a demandé ce Tableau, ignorant apparemment les convenances, a voulu obftinément qu'il repréfentât une partie

de son Palais, de sa Salle à manger, de
son beau Buffet. Il l'a obligé de mettre
dans ce Tableau, sa Femme, ses Enfans,
ses Chiens, ses Domestiques, & même
jusqu'à ses Négres & son Cuisinier. Plai-
gnons les Peintres, quand ils sont forcés
de prêter leur main & leur pinceau à de
pareils caprices. si *Paul Véronèse* n'étoit
tombé que cette fois dans le défaut que
nous relevons ici, nous aurions tort dè
nous en prendre à lui : mais cela lui est
arrivé très-souvent, peut-être aussi par
les mêmes raisons. Ainsi excusons-le dans
ses écarts, & admirons-le dans ce qu'il a
fait de beau. D'autres peintres anciens,
fort habiles ont pris quelquefois de plus
grandes licences ; en représentant, par
éxemple une sainte Famille, ils y ont
introduit des Saints qui n'y furent jamais,
des Portraits d'Hommes & de Femmes
en fraise & en colerette, des Moines même. Ceux qui ont fait faire ces Tableaux,

l'ont voulu ainsi : ils étoient charmés d'y retrouver leur Famille , leur Patrons , leurs Confesseurs.

Après ce que nous venons de dire , vous pouvez, en quelque sorte , faire la comparaison de ces deux Tableaux , & sentir lequel l'emporte sur son Rival ; mais un détail éxact nous méneroit trop loin. Contentons-nous de dire, qu'on voit dans celui de M. *Le Brun* la compoſition, l'ordonnance, le deffein, l'expreffion , le *Coftume* , & les bienféances ; le tout porté à la plus grande perfection. Dans celui de *Paul Véronèfe* , la plus belle couleur, la plus belle pâte, la touche la plus large , la plus ferme, & le pinceau le plus moëlleux & le plus léger. Je ne prétends pas dire par-là , que M. *Le Brun* manque de ces parties ; car outre que fon Tableau de la Famille de Darius eft très-bien peint, d'une manière facile & légère , quel Peintre a mieux réuffi,

que ce grand Maître, dans la partie du
coloris, quand il a voulu, ou pû y appor-
ter tous ses soins ? J'en pourrois citer bien
des éxemples capables de ramener ceux
qui ne lui rendent pas assez de justice en
ce point. Je nommerois entr'autres son
Tableau du Massacre des innocens, qui
est au Palais Royal : il se soutient, pour
le coloris, auprès des Tableaux d'Italie
qui passent pour des modèles en ce genre
de perfection ; & il leur est supérieur à
bien d'autres égards. Je n'oublierois pas
certains morceaux de la Gallerie de Verfailles qu'il a peints lui-même, son Tableau de la Vierge au silence, & tant
d'autres excellentes Pièces.

Mais quand on fera réflèxion, que M. *Le
Brun* étoit Premier Peintre du Roi, &
chargé seul de tous les ouvrages que
Louis XIV. jeune & magnifique, & qui
vouloit jouir, lui ordonnoit d'éxécuter ;
qu'il donnoit les desseins de tout ce qui

se faisoit dans les Maisons Royales, comme Plafonds, Tableaux, Statues, Vases,
Tapisseries, enfin jusqu'aux ouvrages de
Serrurerie, on ne sera pas étonné, que
tout ce qui sortoit de sa main ne fût pas
également soigné; on le sera plutôt, qu'un
seul homme ait pû suffire à tant d'entre-
prises d'une nature si différente.

Il avoit de bons Eléves formés sur ses
leçons & ses exemples; éducation qui
lui avoit pris beaucoup de tems : il faisoit
tous les desseins lui-même, ils éxécu-
toient ensuite; & quand il en avoit le
loisir, il retouchoit de sa main les endroits qui lui paroissoient mériter plus
d'attention; ce que des yeux connoisseurs
distinguent aisément, & que de moins
éclairés confondent. Ainsi pour terminer
l'espéce de comparaison que nous venons
de faire de M. *Le Brun* & de *Paul Véronèse*, du Tableau de la Famille de Darius & de celui des Pélerins d'Emmaüs,

convenons, si vous voulez, que l'un a
des parties que l'autre n'a pas, & que
l'autre en posséde quelques-unes dont son
voisin manque ; ou, pour mieux dire,
affirmons que ce sont deux des plus beaux
Tableaux qu'on puisse voir & que leurs
Auteurs furent deux des plus grands Peintres qui aient jamais existé.

Au reste (& cette observation est tout
à fait nécessaire ici) quand on regarde
un ancien Tableau il faut faire attention
au tems qu'il y a qu'il est peint, & aux
accidents qui peuvent lui être arrivés. Il
peut avoir souffert de l'humidité, de la
sécheresse, de la fumée. On a voulu le
nettoier, on s'y est mal pris, on l'a écuré :
on a peut-être emporté de la couleur,
on en a repeint par dessus ; ces nouvelles
teintes ont noirci & fait des taches : on a
peut-être verni ce Tableau plusieurs fois,
& avec de mauvais vernis qui a jauni,
& altéré la couleur originale. Que de

raiſons pour que ce Tableau ſoit fort dif-
férent de ce qu'il étoit au ſortir de la
main du Peintre ! Il faut ſe tranſporter ,
pour ainſi dire , au tems où il a été peint ,
& le juger en conſéquence.

On doit penſer que les Tableaux *du
Corrége* , *du Titien* , *de Paul Véronèſe* , *du
Tintoret* , *de Rubens* , & *de Vandyck* étoient
de la plus belle couleur en ſortant de
leurs mains. Les Tableaux de *Paul Véronèſe* ſont même dans un cas particulier.
Ce grand Peintre faiſoit la faute de ne
point emploier d'outremer dans ſes
Ciels : il ſe ſervoit de cendre bleue , cette
couleur a noirci , ce que n'auroit pas fait
l'outremer , & ſes Ciels ſont devenus
tout noirs ; il n'eſt prèſque pas poſſible
de les racommoder , du moins cela eſt
très-difficile.

A l'égard des Tableaux modernes , le
tems à part , ils ont pû être expoſés aux
mêmes inconvéniens que les anciens ,

sur-tout ceux qui ont été copiés en Tapisseries, comme la Famille de Darius,
les Batailles d'Alexandre du même M. *Le
Brun*, & bien d'autres. Pour les transpor-
ter & les copier, on les roule & les dé-
roule sans cesse. Quand la copie est
achevée, on les roule encore tout à fait,
& on les laisse quelquefois longtems dans
les Atteliers souvent humides ; tout cela
les altère beaucoup : c'est ce qui est arrivé sur-tout aux Batailles d'Alexandre.*

Vous voiez, ajoutai-je en continuant
d'adresser la parole à mon Ami, vous
voiez que jusqu'ici je ne suis point entré
dans les détails, ils sont immenses. Je

* Quelles obligations n'a-t-on pas à M. *de Tournehem*
& à M. *Coypel* ! C'est par leurs soins, & sous leurs yeux,
qu'on a commencé à nettoier & restaurer les Tableaux du
Roi. Cette opération se continue avec constance, & dans
quelque tems on aura la satisfaction de voir toutes ces
richesses inestimables dans le meilleur état. On devra à
ces excellens Citoiens la conservation de tant de précieux
monumens, qui sans cela étoient prêts à périr. On en voit
déja d'heureux effets à Paris, au Palais du Luxembourg, &
à Versailles à l'Hôtel de la Sur-Intendance des Bâtimens du
Roi. Les Tableaux de Paris sont confiés à la garde de
M. *Bailly*, ceux de Versailles à celle de M. *Portail* ; tous
deux très dignes de cet honorable emploi.

n'ai

n'ai point traité , par exemple , la façon
de diſtinguer un bon Original d'avec une
bonne Copie. Les plus habiles Connoiſ-
ſeurs s'y trompent ſouvent : il eſt même
arrivé à des Peintres de s'y méprendre ſur
leurs propres ouvrages. En effet , quand ils
ont répété le même Tableau , ne ſont-ce
pas deux Originaux? il n'eſt cependant pas
impoſſible d'y trouver quelque différence.
Le premier fait a preſque toujours un certain feu que le ſecond peut ne pas avoir.

Quand un bon Peintre a fait copier ſon
Tableau par ſon meilleur Eléve, & qu'il
l'a retouché partout , c'eſt ſon propre
Ouvrage ; comment le diſtinguer ? à
moins qu'il n'ait eu l'attention d'y mettre des différences : ce qui eſt arrivé quelquefois. On doit donc être très-réſervé à
prononcer ſur cela : pour le faire avec
ſûreté , il faut bien examiner , bien comparer , & avoir une grande expérience.
Quelques Eléves ont ſi bien imité leurs

C

Maîtres, qu'il est mal-aisé de ne s'y pas tromper. Il y a eu d'habiles Peintres qui se sont si fort appliqués à prendre la manière de quelques autres, qu'ils ont souvent fait illusion. Cela est arrivé à *Luc Jordan* Napolitain, Eléve de l'*Espagnolet*; à *David Téniers* Flamand; & parmi les plus modernes, MM. de *Boulogne* ont été d'excellens imitateurs : ces sortes de Tableaux s'appellent des *Pastiches*.

A l'égard de la facilité à connoître dequel Peintre est un Tableau, on ne peut se la procurer qu'à force de voir des Ouvrages du même Maître. C'est la plus petite partie de ce qu'on appelle *Connoissance* en Peinture, & la plus aisée à acquérir.

Mon Ami parut content de toutes ces objections, & nous nous séparâmes. Le lendemain nous nous rejoignîmes l'après-midi, & nous eûmes une conversation qui roula sur une autre matière. Je vais en rendre compte, elle fait partie de mon objet.

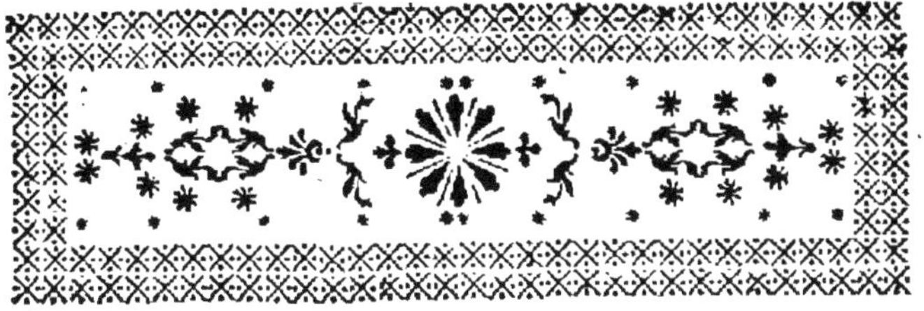

ESSAI

SUR

LA PEINTURE,

LA SCULPTURE,

ET

L'ARCHITECTURE.

LA SCULPTURE.

Nous entrâmes, mon Ami & moi, dans le Jardin de Versailles : nous en admirâmes l'étendue, l'arrangement, la distribution, la magnificence. Nos yeux étoient sur-tout frappés de la prodigieuse quantité de Statues qui

décorent ces lieux enchantés : mais à la
fin , nous fentîmes une efpèce de fatiété ,
caufée par la multitude de ces fortes
d'Ouvrages ; & peut-être fûmes-nous ten-
tés de fouhaiter qu'il y en eût moins.

Effectivement , dis-je à mon Ami , on
a prodigué ici les Statues , & il eft im-
poffible qu'elles foient toutes également
belles. Cependant il s'y trouve des Chef-
d'œuvres , & nous en remarquerons quelques-uns , fi vous voulez que nous par-
lions de Sculpture , à peu près comme
nous nous occupions hier de Tableaux.
Très-volontiers , me répondit-il , d'un
ton qui marquoit fon defir & fon em-
preffement.

J'étois parvenu la veille à lui faire fentir une partie des beautés qu'un Tableau
doit avoir pour plaire ; j'efpérai le même
fuccès par rapport aux Ouvrages de
Sculpture , & je ne fus pas trompé dans
mon attente : j'avois affaire à un homme

fensible & fans prévention. Pour aller à mon but, je le conduifis au bas du grand Fer-à-Cheval à main droite, & je l'arrêtai vis-à-vis le Ganyméde debout, qui s'appuie fur l'Aigle de Jupiter, ou fur Jupiter lui-même métarmorphofé en Aigle. Mon ami a beaucoup lû & avec goût ; ainfi je n'eus befoin de lui parler que de ce qui concouroit à mon objet.

Regardez, lui dis-je, cette Statue : c'eft une Copie faite d'après une Antique,*par un Sculpteur moderne, nommé *Laviron*. Dites-moi, je vous prie, comment la trouvez-vous ? comment en êtes-vous affecté ? Je la trouve belle, me répondit-il, elle repréfente bien un jeune Homme qui a beaucoup de fraîcheur & d'embonpoint ; il a un beau vifage, & l'Aigle me paroît bien placé. Bon, dis-je en moi-même, mon Ami commence à démêler

* L'Original eft à Florence dans le Palais du Grand Duc.

ce qu'il y a de remarquable dans cette
Figure. Avançons, j'espère étendre ses
connoissances par la comparaison. Venez, lui ajoutai-je, avec moi dans ce
Bosquet assez détourné, & peut-être trop
peu connu.

Nous y trouvâmes une autre Statue
du même Ganyméde, * mais d'une éxécution bien différente. Laquelle de ces
deux Figures, lui dis-je, prendriez-vous,
si on vous en laissoit le choix ? Il la
regarda avec beaucoup d'attention, il
l'éxamina de tous les côtés, & il demeura
quelque tems sans parler. Je voiois avec
plaisir qu'il comparoit en lui - même ces
deux différens morceaux, & j'espérois
beaucoup du succès de ma conduite avec
lui. Enfin, après quelques momens de
réflèxion, il n'y a pas à balancer, me dit-
il, je choisirois celle-ci : elle est tout
autrement élégante que la première qui

* Copiée par *Joly.*

nous a occupés. Ici, je crois voir un
jeune Prince, un jeune Héros ; & l'autre
ne me donne l'idée que d'un beau Païsan
à la fleur de son âge. Eh bien ! lui répliquai-je, vous vous connoissez en Sculpture sans le sçavoir. Je répétai avec lui
la même comparaison, à l'égard des deux
Statues de la Venus, qu'on appelle de
Médicis, & il ne s'y trompa pas. Vous
êtes, repris-je aussi-tôt, déja en état de
sentir les beautés des Ouvrages de Sculpture que je vais vous montrer.

Je le conduisis devant l'Androméde
de Puget. Ce beau Groupe, lui dis-je,
(on entend par ce mot un assemblage de
plusieurs Figures) est une Pièce originale : vous connoîtrez bien-tôt la supériorité de ce qui est Original sur ce qui n'est
que Copie. *Puget* étoit un Sculpteur moderne né à Marseille *. Il n'a pas fait un
très-grand nombre d'Ouvrages, mais ce

* En 1622, & mort dans la même Ville en 1694.

C iv

qu'il en a fait, le difputeroît peut-être à tout ce que nous avons de la meilleure Antiquité. Remarquez comment ce morceau eft élégamment compofé & éxécuté ; c'eft un Rocher qui paroît vrai comme le naturel. Avec quelle grace Androméde y eft attachée ! Son corps eft bien celui d'une jeune perfonne, délicate, dans la fleur de la première jeuneffe. Quel air de douceur, de modeftie, & de trifteffe eft répandu fur fon vifage ! Quelle molleffe & quelle foupleffe dans toutes les parties de fon beau corps ! Elle paroît n'avoir pas encore toute la grandeur qu'elle pourra avoir dans un âge plus avancé, ce qui eft peut-être caufe que quelques perfonnes ont trouvé que fa Figure étoit trop petite ; fans doute par comparaifon avec celle de Perfée, qui la détache du Rocher où elle eft enchaînée. Mais ne pourroit-on pas dire que Perfée eft dans la force de fon âge, & qu'il a acquis toute fa grandeur ?

D'ailleurs, qu'on fasse réflèxion que c'est un Héros, le Fils d'un Dieu puissant ; qu'il fait effort pour atteindre d'une main à la cime de la Roche au bas de laquelle il est posé ; & je crois qu'on ne le trouvera plus trop grand : peut-être même pensera-t'on que c'est un trait d'esprit de la part du Sculpteur. Il a voulu, pourra-t'on dire, faire sentir la différence qu'il peut y avoir entre la taille d'un demi-Dieu, & celle d'une jeune Mortelle qui n'a pas encore toute sa croissance. Interprétons ainsi les idées des grands Hommes, & croions qu'ils ont voulu mettre dans leurs Ouvrages ce qu'ils nous inspirent, quand nous les regardons avec attention : nous ferons par-là honneur à leur esprit, au nôtre même, & à notre jugement.

Observons encore, que quoique le Sculpteur ait représenté une Femme nue, il a prudemment disposé sa Figure de la

façon la plus modeste qu'il lui a été possi-
ble : elle se cache autant qu'elle peut :
elle rassemble son corps autant que ses
chaînes le lui permettent : elle ne regarde
point son libérateur. On croit voir sur
son visage la honte qu'elle éprouve en
paroissant ainsi aux yeux d'un homme
qu'elle ne connoît point. Persée de son
côté ne la regarde pas, ses yeux sont fixés
vers la pointe du Rocher ; il n'est occupé
qu'à décrocher le bout de la chaîne qui est
attachée au sommet : il eût causé trop de
confusion à Androméde, si ses regards se
fussent arrêtés sur elle. Quelle décence,
& que d'esprit le Sculpteur habile n'a-t'il
pas répandu dans toute cette grande com-
position ?

Nous pouvons faire la même remarque
à l'égard de la Venus de Médicis, c'est la
Figure d'une Femme nue : cependant d'u-
ne main elle couvre ce que la pudeur ne
doit jamais permettre de montrer, & de

l'autre elle cache une partie de son sein ;
elle a la tête panchée sur le côté ;
elle se courbe tant soit peu ; enfin elle a
un air de modestie si marqué dans toute
sa Figure & dans son attitude, qu'on l'a
appellée la *Venus Pudique*. Cette Statue
est Grecque, & c'est un des plus beaux
morceaux qui nous restent de la sçavante
Antiquité. Qu'elle nous serve d'objet de
comparaison pour juger les autres : on
croit remarquer que le *Puget* a donné à
son Androméde les mêmes proportions
qu'on admire dans la Venus. * Revenons
à l'Androméde.

Regardez l'Enfant qui est au bas du
Rocher, & qui tire à lui, avec effort, un
des bouts de la chaîne dont est liée Androméde. Vous pouvez remarquer la vi-
vacité de son action, comme il est potelé,

* Toutes les Statues de la Venus de Médicis qu'on voit
à Versailles sont de belles Copies faites par d'excellens
Sculpteurs ; la Statue Originale est Grecque & du meilleur temps de la Grèce ; elle est à Florence dans le Palais
du Grand Duc.

& sa belle chair. C'est un Génie bienfai-
sant, ou c'est l'*Amour* ; enfin c'est la Nature dans tout son plus beau. Rien n'est
négligé dans ce Groupe : tous les Accès-
soires y sont traités supérieurement ; Armes, Draperies, enfin tout. Le Sculpteur
y a mis son nom, & l'année où il l'a fini.
Il l'a dédié à Louis XIV. pour lequel il
l'a fait, ainsi que la Figure de Milon le
Crotoniate que vous voiez ici près.

Ce fameux Athléte Grec fut dévoré
par un Lion, tandis qu'une de ses mains
restoit engagée dans un tronc d'Arbre
qu'il avoit voulu séparer, & dont les
deux parties s'étoient rapprochées, avant
que Milon pût retirer sa main. Quelle
expression dans la tête de cet Homme
prodigieux en force ! Voiez sur son visage la douleur extrême que lui cause la
morsure du Lion ; on s'imagine l'entendre
crier d'une voix effraiante, & plus forte
que celle des hommes ordinaires. Tout

son corps qui est d'une taille gigantesque,
(les Historiens disent qu'il l'avoit ainsi)
exprime merveilleusement les prodigieux
efforts qu'il fait pour se dégager. Toutes
ses parties sont extrêmement tendues, &
se roidissent violemment ; tout y exprime
ses efforts : on les remarque dans ses mus-
cles, dans ses nerfs, jusques dans les
doigts de ses pieds, sur lesquels il s'appuie fortement. Mon Ami fut très-atten-
tif à ce qu'il voioit, & il en sentit toute
l'expression.

Malheureusement, lui dis-je, nous
n'avons ici que ces deux beaux morceaux
du même Sculpteur ; en voici la raison.
M. *Le Brun* qui, dans ce tems-là, donnoit tous les desseins des Statues que l'on
éxécutoit pour le Roi, voulut assujettir
Le Puget à ne travailler que d'après les
idées qu'il lui fourniroit *. Il avoit trouvé

* Cependant M. *Le Brun* l'estimoit infiniment. M. *De
Louvois* qui fut Sur-Intendant des Bâtimens après M. *Col-
bert*, le traita durement par rapport au paiement de ses
Ouvrages. *Puget* mécontent se retira à Marseille, & y

cette foumiffion dans pluſieurs autres habiles Maîtres : mais *Le Puget* ne voulut
jamais captiver ainſi ſes talens, & il re-
tourna dans ſon Païs. Nous le perdîmes :
tâchons de nous en conſoler, en admirant
ſes Ouvrages, & en leur paiant le tribut
de louanges qu'ils méritent à tant d'é-
gards.

Si je ne craignois de prolonger les idées
triſtes que peut vous avoir donné la douleur du Milon, je vous ſerois remarquer
la Figure du Gladiateur mourant, que
voici tout auprès. C'eſt une belle Copie,
faite par *Michel Mônier*, d'une très-belle
Statue antique qui eſt à Rome. Ne croiez-
vous pas voir un Homme expirant? Il
vient de recevoir une bleſſure profonde?
il eſt à demi couché ſur l'Arène où il a
combattu ; il ſe ſoutient à peine ; une
mortelle langueur s'empare de tous ſes

reſta. Voyez le Livre du *P. Bougerel* de l'Oratoire, inti-
tulé *Mémoires pour ſervir à l'Hiſtoire de pluſieurs Hommes
Illuſtres de Provence*, Vol. in-12. à Paris, chez *Hériſſant*,
1752. à l'article de *Pierre Puget*, page 1.

Sens. Il eſt vrai, me dit mon Ami, que ce ſpectacle eſt touchant : éloignons-nous-en, il me fait trop d'impreſſion.

Voiez donc, lui répliquai-je, pour vous en diſtraire, cette Figure qui repré-ſente Apollon vainqueur du Serpent Python *. C'eſt une belle Copie d'un ex-cellent Original du bon tems de la Grèce. Cette admirable Statue peut nous donner l'idée d'un jeune Dieu vainqueur, qui **a** pris la Figure humaine : aſſurément il ne l'a pas choiſie commune. Vous avez rai-ſon, me dit mon Ami, & je penſe comme vous.

Repoſons nos yeux, repris-je alors ; promenons-nous un peu ; j'ai encore à vous faire voir quelque choſe qui en vaut la peine, quelque choſe où nous aurons beſoin de regarder attentivement & d'admirer. Nous nous arrêtâmes en chemin auprès de la belle Statue de la

*Copiée par *Mazeline*. L'Original eſt à Rome dans le Palais du Vatican au Belveder.

Vénus, qu'on appelle *à la Coquille* * ,
parce qu'elle en tient une dans une de
ses mains. Mon Ami m'en parut fort content ; il fut sur - tout très-sensible à la
belle draperie de linge qui couvre une
partie de cette Figure ; elle paroît mouil-
lée , & comme collée à la peau de la
Vénus. Cette Déesse paroît sortir du
bain , elle est à demi-couchée , & un
peu panchée en avant sur le bord d'une
fontaine.

Nous revîmes en passant le premier
Ganyméde que nous avions regardé en
entrant. Mon Ami se confirma dans le
jugement qu'il en avoit porté , après
avoir vû le second. Par-là je m'apper-
çûs que ses connoissances commençoient
à s'étendre & à se perfectionner.

Insensiblement , & en réfléchissant
sur ce que nous avions vû , nous ap-
prochâmes du Bosquet qu'on appelle

* Cette belle copie de l'Antique est d'*Antoine Coyzevox.*

les

les Bains d'Apollon * ; nous nous arrêtâmes peu au Groupe principal qui
repréſente ce Dieu ** chez Thétis ,
aſſis & environné de Nimphes , qui
le ſervent. Je ne voulois pas fatiguer
mon compagnon de voiage : d'ailleurs
comme je le connoiſſois excellent Homme de Cheval , j'avois de l'empreſſe-
ment pour lui faire remarquer les deux
Groupes des Chevaux d'Apollon , qui
ſont aux deux côtés du grand Groupe
dont je viens de parler : je me dou-
tois bien qu'ils l'amuſeroient davantage , étant très - fin Connoiſſeur en ce
genre. Je le conduiſis vers celui qui eſt
à la gauche , quand on regarde le Groupe d'Apollon : il le trouva beau *** , les
deux Tritons qui accompagnent ces Che-

* Toutes les Sculptures de ce Boſquet ont été éxécutées
par différens Sculpteurs , (*Girardon* , *Regnaudin*) d'après les
deſſeins de M. *Le Brun*.

** La tête de l'Apollon eſt celle de Louis XIV. jeune.

*** Le plus beau de ces Groupes de Chevaux a été fait
par *Gaſpard de Marſy* ; l'autre eſt de *Guérin*.

D

vaux, lui parurent vivans & animés con-
venablement. Mais quel fut mon étonnement, quand je le conduisis vers celui
qui est à la droite ! Il le regarda avec la
plus grande attention, il fut long-tems
sans parler, puis tout à coup il me dit,
d'un air vif & animé, celui - ci me paroît
bien supérieur à l'autre : Vous avez raison, lui dis-je, il a été exécuté par un
Sculpteur beaucoup plus habile que son
Concurrent.

Le jugement de mon Ami me confirma
dans mon ancienne idée, que, pour acquérir des Connoissances dans les Beaux Arts,
il ne faut presque que le bien vouloir,
s'y appliquer, réfléchir & comparer.
Non-seulement mon Ami remarqua que
ces deux Chevaux avoient beaucoup
plus de finesse & d'élégance que les deux
autres, plus de souplesse dans leurs
mouvemens, enfin qu'ils étoient plus
semblables à la belle nature ; mais il alla

jufqu'à m'en faire une critique, de peu de
conféquence à la vérité, mais qui marquoit que fes connoiffances, en matière
de Cavalerie, étoient portées jufqu'aux
plus petits détails. Ces Chevaux font
parfaits, me dit-il, je trouverois feulement qu'ils ont la corne des pieds un peu
trop longue. Cette remarque, lui répon-
dis-je, eft celle d'un bon Ecuier ; mais
permettez - moi d'y répondre en Ama-
teur : vous trouverez peut-être ma ré-
ponfe trop poétique, & même telle que
pourroit être celle d'un Poëte qu'un
peu d'enthoufiafme auroit échauffé. Faites réflèxion, lui dis-je, que ces Chevaux font des efpèces d'Etres immor-
tels & prefque divins ; qu'ils n'ont jamais marché que fur des nuages , &
qu'ils n'ont point été *ferrés*. Il fourit de
ce trait auquel il ne s'attendoit pas ,
& il parut s'en contenter. Mais, conti-
nuai-je, voilà affez parler de Sculpture ;

D ij

peut-être trop , me direz-vous, je crain-
drois de vous en laffer. Ne l'appréhen-
dez pas , me répondit-il ; cela m'a amufé , & je crois que je vous devrai bien-
tôt des remerciemens. Le foin que vous
prendrez pour étendre mes Connoiffances , ne pourra qu'augmenter mes plaifirs. En prenant votre politeffe au pied
de la lettre , lui répliquai-je , je ne crain-
drai donc pas de vous propofer une promenade pour demain ; nous traiterons ,
fi cela vous convient, une matière toute
différente , mais qui pourra vous occuper agréablement. Ce fera , fi vous le
trouvez bon, la dernière de ce genre que
nous difcuterons. Très-volontiers , me
dit-il : à demain.

Le lendemain notre rendez - vous ne
put avoir lieu. Nous ne nous rejoignîmes, mon Ami & moi, que quelques jours
après à Paris , & je n'en fus pas fâché.
Comme je me propofois de l'entretenir

d'Architecture, Versailles ne nous auroit pas fourni assez d'objets de comparaison en ce genre. Paris y étoit plus
propre.

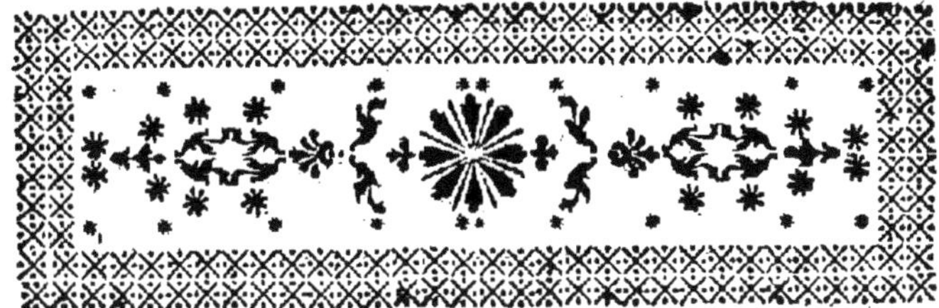

ESSAI

SUR

LA PEINTURE,

LA SCULPTURE,

ET

L'ARCHITECTURE.

L'ARCHITECTURE.

L E Château de Versailles, malgré les sommes immenses qu'on y a dépensé pendant bien des années, ne présente d'abord aux yeux, sur-tout du côté des Cours, qu'une grande quantité de Bâtimens plus impofans par leur étendue, que frappans par leur décoration extérieure. Ce n'eft pas qu'on y ait épargné la dorure, les Toits en font chargés; mais ces ornemens, fort ternis aujourd'hui, ne charment plus les yeux, & après tout, le refte n'y répond pas. On s'apperçoit toujours que l'acceffoire l'emporte fur ce qui devroit être le principal. Ce Château n'étoit d'abord qu'une petite Maifon de Chaffe, bâtie par Louis XIII. pour fervir de rendez-vous. Louis XIV. en fit le même ufage pendant quelque tems ; il s'y plut, il voulut y faire quelque féjour : cela l'obligea d'en augmenter les Bâtimens, & peu à peu il devint tel que nous le voions aujourd'hui.

Ce Palais peut loger très-commodément une Cour nombreufe, mais il eft plus recommandable par la grandeur de fes Bâtimens, que par leur Beauté. Vû d'une certaine diftance, il furprend, mais plus on en approche, plus l'admiration diminue ; & elle finit tout à fait quand on arrive à ce qu'on appelle *la Cour de Marbre*. Qu'est-ce qu'on y voit ? Les restes du *Petit & chétif Château de Versailles*, ainsi que s'expriment les Historiens de Louis XIII. qui l'a fait bâtir. On a eu beau le décorer par les dorures de son Toit, la médiocrité de son élévation & son peu d'étendue subsistent toujours. Il est vrai que le côté du Jardin * est beaucoup mieux, & d'une meilleure Architecture ; mais n'est-il pas trop uni, trop égal, peut-être d'une ennuieuse uniformité, peut-être, si l'on ose parler ainsi, un peu trop monotone ? Quelque magnifiques que soient les détails du Jardin, ils n'empêchent pas qu'on ne sente le peu d'agrément de sa situation. Quelqu'un a dit de Versailles, que c'étoit *un Favori sans mérite*. La comparaison est juste ; on a té-

* Cette Façade a 220 toises de long.

moigné une grande prédilection pour cet
endroit , & l'on n'en a fait qu'une belle,
mais triste solitude , qui doit tout à l'Art
& rien à la Nature.

Il faut convenir que l'Orangerie de
Versailles * est un morceau d'une grande
considération : mais il est plus estimable
par son étendue , sa belle disposition &
la solidité de sa construction , que par sa
décoration. Cependant tout y est grand,
noble, mâle, quoiqu'extrêmement simple,
& c'est peut-être cette simplicité qui en
augmente le mérite. On prétend que la
première idée de ce vaste Bâtiment, fut
donnée à Louis XIV. par le fameux *Le
Nôtre* , ** ce célébre Créateur des plus
beaux Jardins. Son voiage en Italie étendit son heureux génie par la vûe des belles choses que ce Païs charmant présente
aux yeux Connoisseurs. Jusqu'à lui , nous

______

* Elle est d'Ordre Toscan , & d'un goût exquis.
** *André Le Nôtre*, né à Paris en 1613. mort en 1700. Il
étoit Controlleur Général des Bâtimens du Roi, Dessinateur
de ses Jardins , & Chevalier de S. Michel.

avions eu des hommes capables de faire
de jolis Jardins pour des particuliers,
mais très-peu de propres à en faire de
magnifiques. Le Jardin de Fontainebleau
commencé par Henri IV. & embelli par
le feu Roi, étoit presque le seul qu'on
pût juger digne d'une Maison Roiale :
nous n'avions pas encore celui du Palais
des Thuilleries, que nous devons aux
grandes vûes du même Monarque, & aux
excellens desseins de *Le Nôtre*. Quel mérite n'y a-t-il pas eu à faire un Jardin qui,
sans être d'une grande étendue, ne présente cependant rien aux yeux que de
grand ! Quelle noblesse, quelle magnificence dans le Fer-à-Cheval qui le termine, & qui met à portée de découvrir d'un
même coup d'œil, tout ce beau Plant
qu'on appelle avec raison *les Champs Elisées ;* la beauté de la Rivière ; celle du
Païs qu'elle arrose, & ces agréables Cô-
teaux qui terminent l'horison à la gauche
des Thuilleries !

Le mot que je viens de dire des *Champs Elisées*, m'autorise, ce me semble, à insister sur les projets de leur Auteur, & à rappeller ce qu'il avoit imaginé pour la décoration de Paris. M. *Colbert* est celui qui a fait planter *les Champs Elisées*, l'Etoile, & les Allées *du Roule* en face du Jardin des Thuilleries *. Toute la partie gauche de ce beau Plant du côté de la Rivière, a été achevée de son tems ; elle se r'accorde parfaitement à l'ancien Cours qui est le long de la Rivière, planté par *Marie de Médicis* **, & replanté pendant la Régence de M. le *Duc d'Orléans* *** ; on l'appelle aujourd'hui le *Nouveau* ou le *Petit Cours*. L'intention de M. *Colbert* étoit de planter la partie droite des *Champs Elisées* de symmétrie avec la partie gauche. Sa mort interrompit ce projet, qui n'a point été suivi. On a eu la négli-

* En 1670.
** En 1616.
*** En 1723. Il a 1800 pas de long.

gence de laisser acheter ces terrains à
différens particuliers qui y ont bâti des
Hôtels magnifiques, avec de grands Jardins qui donnent sur les *Champs Elisées* :
ce qui rend aujourd'hui l'éxécution de ce
grand dessein presque impossible. On
pourroit cependant y suppléer, si on le
vouloit bien. Je dirai bientôt comment.

De plus, M. *Colbert* projettoit de pousser la grande Allée du milieu jusqu'à la
Rivière, elle y va, à fort peu de chose
près ; & de faire un Pont à cet endroit
de la Seine, avec un grand chemin planté
d'Arbres, qui auroit conduit à S. Germain, où la Cour alloit souvent en ce
tems-là. Toutes ces Allées auroient donné dans le Bois de Boulogne, & s'y feroient r'accordées. Toute la partie droite
en face du Bois de Boulogne, qu'on appelle *la Plaine des Sablons*, auroit été
plantée, & cette partie avec le Bois de
Boulogne auroit formé un magnifique

Parc , dont le bout auroit été terminé
en Terraſſe ſur la Rivière , ainſi qu'on l'a
pratiqué, il y a quelques années , au Bois
de Vincennes , avec beaucoup de dépen-
ſe & peu d'utilité. Encore n'a-t-on pas
mis la dernière main à cette entreprise :
car ici , j'oſe le dire ,

. . . . . : *avec la liberté*
D'un François *qui ſçait mal farder la vérité*,
Rac. Brit. Act. 1. Sç. 2.

on forme de vaſtes projets , on commence , on va juſqu'à un certain point ,
& l'on n'achéve rien ; témoin le *Lou-*
vre, &c. &c. &c. *

Ce grand Chemin de S. Germain dont
je viens de parler , auroit joint une
large Chauſſée plantée d'Arbres , qui en
montant inſenſiblement , auroit conduit
à un magnifique Pont ſur la Rivière ,
d'une ſeule Arche , dont la Culée , du
côté de la Montagne , auroit été preſque
au niveau de la grande Eſplanade qui con-

---

* Le Louvre , *Urbis decus & orbis.* s'il étoit achevé.

duit aux deux Châteaux de S. Germain :
ouvrage qui auroit furpaſſé ce que les Ro-
mains ont fait de plus grand en ce genre.

A l'égard du projet formé par M. *Colbert* pour la partie droite des *Champs
Eliſées* , on pourroit y fuppléer , en laiſ-
ſant même fubſiſter les Hôtels & Jardins
qui rempliſſent aujourd'hui ce terrain. Il
ne feroit queſtion que de fermer ces Jardins par des Terraſſes , des Foſſés revêtus,
ou des Grilles de fer peintes en verd ;
on en a uſé ainſi à Londres dans le Parc
de S. James, où cela fait un très-bon effet :
par ce moien la vûe ne feroit plus offuf-
quée , & l'on jouiroit du fpectacle de ces
Jardins , dont la plupart méritent les regards & l'admiration du Public.

Qu'il me foit permis d'ajouter encore
une obfervation fur le Quartier des
Champs Eliſées. On projette aujourd'hui
de placer la Statue Equeſtre du Roi , dans
l'Efplanade qui eſt entre ce beau Plant

d'Arbres & le Pont-Tournant des Thuilleries : cette opération coûtera peu &
fera bientôt confommée. Mais il feroit
bien à défirer que ceux qui préfideront
à l'Ouvrage , c'eft-à-dire , à la décoration de l'Efplanade , vouluffent fe con-
former , autant qu'il leur feroit poffible ,
au premier projet du *Grand Colbert* ; qu'ils
fongeaffent furtout à ne point affujettir
le Pont qu'on doit faire fur la Rivière à
la Rue de *Bourgogne* , ce qui feroit un
alignement de biais ; mais plutôt à l'ali-
gner fur le milieu de la partie du Rem-
part qui aboutit à l'Efplanade , & qui eft
plantée d'Arbres. Il eft à remarquer que
l'Hôtel de feüe Madame la Ducheffe fera peut-être démoli , & qu'ainfi il eft inutile de s'y affujettir à préfent.

Après cette dìgreffion , que mon zèle
pour l'embelliffement de Paris rendra
peut-être excufable , je reviens à l'Orangerie de Verfailles.

Le

Le Nôtre en donna au Roi un léger craion ; & ce Prince qu'un heureux naturel conduisoit toujours à saisir le grand & le beau, en sentit tout d'un coup le mérite ; il l'adopta ; il donna à son premier Architecte * le soin d'en tracer les mesures & le chargea de l'exécution. Je tiens cette Anecdote d'un vieillard respectable, homme d'esprit & de goût, qui me la conta dans ma première jeunesse. Il étoit d'autant plus croiable sur ce fait, qu'il avoit vécu long-tems dans la plus grande intimité avec le fameux *Le Nôtre*.

Il m'en dit encore une qui fait autant d'honneur à ce dernier, qu'au grand Prince qui l'emploioit. Le Roi vouloit que

* *Jules Hardouin Mansard*, Chevalier de S. Michel, Comte de Sagonne, Sur-Intendant & Ordonnateur Général des Bâtimens, Arts & Manufactures du Roi. Il mourut à Marly en 1708. Il étoit neveu de *François Mansard*, Premier Architecte du Roi, né à Paris en 1598. & mort en 1666. Les principaux Ouvrages de celui-ci, sont la Chapelle du Château de Fresne ; le Portail des Feuillans à Paris ; le Château de Maisons, qui est un Chef-d'œuvre d'élégance ; l'Hôtel de la Vrillière ; aujourd'hui de Toulouse, près la Place des Victoires ; l'Eglise de la Visitation de Sainte Marie, Rüe S. Antoine, &c. &c. &c. *François Mansard* étoit fort supérieur à *Jules Hardouin* son neveu.

E

pour étendre le Jardin de Versailles , on
desséchât une espéce de Marais qui étoit
en face : ce Marais étoit traversé par un
Ruisseau ; toutes les eaux du canton se
rendoient en ce lieu , y séjournoient , y
entretenoient une humidité aussi désa-
gréable que mal saine. Dessécher totalement cet endroit , étoit une opération
très-difficile : on la tenta , on y employa
bien des hommes , bien du tems & beaucoup de dépense ; on avançoit peu. *Le
Nôtre* prit tout d'un coup son parti en habile homme ; il dit au Roi : *Sire , je crois ce
desséchement presque impossible. Si votre Ma-
jesté me le permet, je ferai tout le contraire. Au
lieu de m'obstiner à détourner ces eaux , je les
rassemblerai, je les animerai, je les ferai couler,
& j'en formerai un beau Canal.* Ce projet
frappa le Roi , il en vit toute la grandeur
& toute la supériorité ; il en ordonna
l'éxécution ; & c'est à ces deux heureux
Génies que l'on doit le magnifique Ca-

nal * qui termine aujourd'hui fi favora-
blement le Jardin de Verfailles.

Je pourrois encore remarquer dans ce
Palais, les Ecuries du Roi ; je pourrois en
admirer la forme , l'étendue , la bonne
conftruction, mais j'aurois peu de chofes
à dire de leur décoration ; elle eft très-
fimple.

Les difcuffions où je fuis entré fur
Verfailles, fur le *Jardin des Thuilleries* ,
fur les *Champs Elifées* , font des hors-
d'œuvre par rapport au deffein de four-
nir à mon Ami des objets de comparaifon & d'inftruction en matière *d'Architecture*. Il eft tems de reprendre mes converfations avec lui.

Nous nous rejoignîmes à Paris. Je ne
me propofois pas de lui faire faire un
Cours détaillé d'Architecture ; outre que
je n'en fçavois pas affez pour une fi grande entreprife , je voulois feulement lui

---

* Ce Canal a 800 toifes de long , fur 32 de large.

faire remarquer ce que nous avions de
mieux en ce genre , & lui donner envie
d'y acquérir par la suite une connoiſſance
plus étendue.

Je le menai d'abord à *la Fontaine* * *des
Innocens* ; je lui en fis obſerver la belle
forme , l'élégante ſimplicité, la légèreté
de ſon Architecture , la délicateſſe de ſes
Pilaſtres , l'agrément de ſes Bas-reliefs ,
& la fineſſe de leur éxécution. Je ne m'a-
muſai point à lui en faire l'hiſtoire , elle
ſe trouve dans les Deſcriptions impri-
mées de la Ville de Paris ; j'y renvoiai
mon Ami , & j'en uſai ainſi à l'égard des
autres morceaux d'Architecture que je
lui fis voir. Il étoit queſtion de l'intéreſſer
aux beautés de l'Art , non de lui appren-
dre comment , par qui & par quelles voies

* La Fontaine des Innocens a été bâtie en 1550. L'Architecture eſt de *Pierre Leſcot* , Abbé de Clagny , & la Sculpture de *Jean Goujon* , tous deux François. Elle a été reſtaurée en 1708. On y a placé l'Inſcription ſuivante , qui eſt du
fameux *Santeuil* ,

> *Quos duro cernis ſimulato marmore fluctus ,*
> *Hujus Nympha loci credidit eſſe ſuos.*

les monumens de l'Architecture moderne se font multipliés dans Paris.

Je ne le conduisis point à la belle Fontaine du célébre *Boucardon**, qui eft dans le Fauxbourg S. Germain. Quelques beautés que j'euffe pû lui faire remarquer dans cet excellent morceau, comme les Sculptures en font le principal mérite , & que l'Architecture n'en eft que l'acceffoire , cela n'alloit point affez à mon objet. Il nous feroit arrivé feulement de déplorer le malheur de la fituation de ces deux Fontaines (celle des *Innocens* & celle de la Rue de *Grenelle*). De part & d'autre , rien de plus défavantageux.

Je le menai voir le magnifique Portail de l'Eglife de S. *Gervais*** ; il en admira l'élévation, la folidité , la noble conftruction , les belles proportions. Nous

---

* Bâtie en 1739. fur les Deffeins & la conduite d'*Edme Bouchardon* , né à Chaumont en Baffigny.

** Il a été bâti par *Jacques de Broffe* , François , en 1616. C'eft le même Architecte qui a conftruit le Palais du Luxembourg , l'Aquéduc d'Arcueil , &c. &c. &c.

E iij

regrétâmes feulement qu'il n'y eût pas devant ce Portail aſſez d'étendue & de reculée , pour que les yeux de ceux qui le regardent puſſent en embraſſer plus aiſément tout l'enſemble. Nous eûmes ſouvent occaſion de former les mêmes regrets à l'égard d'autres Bâtimens encore plus conſidérables.

Nous n'allâmes point , mon Ami & moi, à S. *Sulpice* , pour y voir le Portail * bâti par le *Chevalier Servandoni* Florentin , Peintre & Architecte. Quelque conſidérable que ſoit cet Ouvrage , comme il n'eſt point achevé , nous n'aurions pû en porter un jugement arrêté. Nous aurions ſeulement gémi , comme à S. *Gervais* , du peu d'eſpace qu'on a pour voir , comme il faudroit , cette magnifique & immenſe fabrique. Il n'y a pas d'apparence qu'on puiſſe remédier ſitôt à cet inconvénient.

* Ce Portail a été commencé en 1733. pendant que M. *Languet de Gergy* étoit Curé de cette Paroiſſe.

LE PALAIS DU LUXEMBOURG*
ne pouvoit nous échapper. Cette belle
Maifon, dis-je à mon Ami, eft du célébre
Jacques de Broffe, qui a conftruit le Portail de S. *Gervais*. Il a voulu que ce Portail annonçât, par fa magnificence, un
Temple refpectable & la majefté des
objets qui y conduifent. Il a voulu, en
conftruifant *le Luxembourg*, que ce fût un
Palais digne d'être habité par une grande
Princeffe. C'eft pour *Marie de Médicis*
qu'il l'a bâti. Cette Princeffe Italienne
avoit pû prendre dans fon Païs des idées
de la grande Architecture qui y régne ;
elle étoit magnifique, elle étoit Régente
en France ; ainfi l'habile Architecte n'a
rien négligé pour la fatisfaire. On trouve
dans ce Palais de l'étendue, de la folidité
& de la nobleffe.

Allons, dis-je à mon Ami, voir un autre Palais, bâti par un autre Architecte.

* Commencé en 1615. achevé en 1620.

E iv

& pour une autre Princeffe. Je crois que vous ne le trouverez pas inférieur à celui-ci. Je le menai aux *Thuilleries*. Vous n'avez encore vû , lui difois - je en chemin , que trois chofes qui puiffent vous fervir d'objets de comparaifon ; fçavoir une jolie Fontaine , un beau Portail d'Eglife , une magnifique Maifon propre à loger un Prince : nous allons voir préfentement un Palais digne d'un grand Roi.

CATHERINE DE MÉDICIS , qui pour lors étoit à peu près dans la même fituation où *Marie* fe trouva depuis , le fit bâtir , * & fe fervit pour cela du célébre *Philbert de Lorme***, qui le premier, comme on a dit , dépouilla l'Architecture de fes habillemens Gothiques , pour la revêtir de ceux de l'ancienne Grèce. *Catherine*

---

* Il fut commencé en 1564.

** *Philbert de Lorme* , né à Lyon , a vêcu fous les Régnes d'HENRI II. de FRANÇOIS II. & de CHARLES IX. Il a beaucoup travaillé au *Louvre* , au Palais des *Thuilleries* , au Château d'Anet , à celui de *S. Maur* , &c. &c. &c. Il mourut en 1577.

aimoit les Sciences & les Beaux Arts,
elle fit un mauvais ufage des Sciences,
en donnant dans l'*Aftrologie judiciaire* ;
mais elle fit fleurir les Arts en France.
Elle laiffa à fes enfans qui, après elle-
même & l'envie de régner, étoient les
objets les plus chers à fon cœur, l'habitation du *Louvre*, qui, dans ce tems-là,
n'étoit pas à beaucoup près auffi confi-
dérable qu'elle l'eft aujourd'hui. *Catherine*
imagina de bâtir pour elle un nouveau
Palais qu'elle pût habiter avec fa Cour ;
ce Palais, qui eft celui des *Thuilleries*,
devoit être plus étendu que nous ne le
voions aujourd'hui ; j'en ai vû d'anciens
Plans gravés ; il devoit être accompagné
de Cours latérales, de Baffe-Cours, d'E-
curies fort vaftes. La Reine n'acheva
point ce qu'elle avoit commencé ; elle fe
dégouta des *Thuilleries* fur une prétendue
prédiction de fes Aftrologues ; elle aban-
donna ce deffein, & fe fit conftruire un

autre Palais * près de S. *Euſtache*, Maiſon triſte & bien inférieure à celle qu'elle quittoit. Nous l'avons connue ſous le nom d'*Hôtel de Soiſſons*, on vient de la démolir, & il n'en reſte que la *Colonne* érigée auſſi par *la Reine Catherine*, pour y faire des Obſervations Aſtronomiques. Cette Colonne appartient aujourd'hui à la Ville **, peut-être la démolira-t'on par la ſuite, quoiqu'elle méritât d'être conſervée & *reſtaurée*; on en pourroit faire une Fontaine publique.

Pour revenir au *Palais des Thuilleries*, la Princeſſe, dont nous venons de parler, n'acheva que ce qui ſe voit préſentement, & qui conſiſte dans le gros Pavillon du milieu, les deux corps de Logis contigus, & les deux Pavillons qui les terminent. Tout le reſte ne fut point commencé; encore ce que *Catherine de*

* Par *Jean Bullant*, en 1572.
** En 1750. cette Colonne a été achetée & conſervée par les ſoins de M. *Bernage*, Prevôt des Marchands.

Médicis acheva , n'avoit-il pas toute la magnificence & tout l'exhauffement qu'il a aujourd'hui.

Louis XIV. toujours grand , y fit faire des embelliffemens confidérables ; * il l'exhauffa de l'Attique qui y régne partout, & fit ajouter un troifième Ordre au Pavillon du milieu & aux deux latéraux , ce qui y donne un grand air de nobleffe. On y admiroit autrefois un fuperbe Efcalier à deux rampes, qui occupoit le milieu du Bâtiment. C'étoit un chef-d'œuvre par fa légèreté, par fa folidité, par le trait hardi & la coupe des pierres ; mais au tems de la grande reftauration que fit faire Louis XIV. à ce Palais , on trouva que cet Efcalier ôtoit à ceux qui entroient , la vûe du magnifique Jardin dont on avoit déja l'idée. On le détruifit , & l'on fit celui que nous voions , fort beau dans fa manière , & qui n'offufque rien.

* En 1664, fous le Miniftère de M. *Colbert* , & fous la direction de *Louis Le Vau* , & de *François d'Orbay* fon Elève.

Les Appartemens du *Palais des Thuil-leries* furent confidérablement embellis de Peintures, de Sculptures, de Dorures. On y emploia les plus habiles Maîtres de ce tems-là, & il y en avoit beaucoup. Les Rois n'ont qu'à vouloir, ordonner, protéger, encourager & récompenfer, ils ne manqueront jamais d'habiles gens en tout genre. Mais notre objet aujour-d'hui n'eft pas d'entrer dans ces détails. Ne parlons que d'*Architecture*, & encore n'en parlons que très-fuccinctement, s'il eft poffible.

Difons donc que le Palais qui, du côté du Jardin, n'avoit, avant fes augmenta-tions, que les trois corps de Bâtimens dont nous venons de parler, formoit un tout enfemble bien proportionné. Ce n'étoit, à proprement parler, qu'un beau Château. On a voulu l'augmenter; on y a ajouté deux grands corps de Bâtimens, & deux gros Pavillons latéraux extrêmement exhauffés : qu'en eft-il arrivé ? Ces nouveaux Bâtimens paroiffent d'une for-me Coloffale, & écrafent, pour ainfi dire, les anciens qui, dans leur premier état, fe trouvoient ifolés, & ne préfentoient rien que de très-élégant, de très-fin & de très-agréable. L'œil pouvoit embraffer le tout enfemble, avec la plus grande fatisfaction.

Il eft vrai qu'aujourd'hui la face * de ce Palais, du côté du Jardin, eft beau-coup plus étendue & qu'elle impofe, mais les Acceffoires nuifent au Principal, & s'y r'accordent mal. *Philbert de Lorme* s'en feroit peut-être mieux acquitté. Pour excufer ces augmentations qui paroiffent monftrueufes, on pourroit dire qu'on y a été engagé par le defir de conferver le plein-pied des Appartemens du premier étage de l'ancien Château, avec celui de la grande Galerie qui eft en retour le

* Cette façade a 168. toifes de long.

long de la Rivière. * Cette longue Galerie a été bâtie fous différens Rois ; & elle
n'eft pas d'une Architecture uniforme ;
mais , malgré fes irrégularités , elle ne
laiffe pas de former un tout enfemble
d'une magnificence & d'une étendue qui
ne fe trouvent dans aucun Palais. Elle
joint ce qu'on appelloit autrefois , & mal
à propos , *le Vieux Louvre*. C'eft de ce
grand objet que je dois préfentement
parler.

Nos Rois avoient un ancien Palais
dans l'emplacement où eft fitué aujour-
d'hui le L o u v r e. C'étoit un amas con-
fus de Tours & de Bâtimens Gothiques ,
fans ordre & fans fymmétrie. François I.
le Pere & le Reftaurateur des Sciences &
des Beaux Arts en France , avoit attiré
d'Italie d'habiles Artiftes en plufieurs
genres ; il s'en étoit fervi à embellir l'ancien & vafte Château de *Fontainebleau* ;

* Cette Galerie a 227. toifes de longueur dans œuvre , &
4. toifes cinq pieds de largeur.

il conçut le deffein de fe faire dans fa Capitale une habitation digne de lui & d'elle. En 1528. il commença par faire démolir la plus grande partie de l'ancienne ; il fit jetter les fondemens fort folides d'une partie de la nouvelle ; mais il avança peu.

HENRI II. fon Fils & fon Succeffeur, Prince voluptueux & magnifique, reprit en 1548. l'Ouvrage commencé ; il l'étendit & l'embellit beaucoup ; il y employa *Pierre Lefcot*, Abbé de Clagny, Architecte François, qui ne fit point regretter les Italiens. C'eft-là que je conduifis mon Ami.

Après avoir parcouru plufieurs Rues qui ne donnent pas à ce Palais un abord favorable, nous nous arrêtâmes à la petite Place qui eft au bout de la Rue Fromenteau, & vis-à-vis celle des façades du *Louvre*, par laquelle on y entre le plus ordinairement. Mon Ami la trouva plus folide que magnifique. Je voulois exprés le conduire par dégrés, en commençant par le Moins pour aller enfuite au Mieux, & finir par le plus parfait.

Nous entrâmes dans la Cour du *Lou-vre*, par le beau veftibule à Colonnes qui y conduit. Je le fis remarquer à mon Ami. Ce Veftibule, lui dis-je, a été bâti fous Louis XIII. par *Jacques Le Mercier* ; on prétend qu'il eft imité de celui que le célébre *Michel Ange Buonarroti* * a conf-truit à Rome pour le Palais Farnèfe. Mon Ami le trouva bien. Nous tournâmes à droite dans la Cour, & là, je lui fis faire attention à l'élégance de l'Architeture ** qui décore cette portion du Bâtiment. Il admira la fineffe & la belle éxécution des ornemens de Sculpture *** dont elle eft fort enrichie. Ceci eft du Régne de *Henri II.*

---

* Né à Florence en 1474. mort à Rome en 1564.
** Par l'*Abbé de Clagny*.
*** Par *Jean Goujon*.

La

La portion qui est d'équerre avec celle-ci , & dont la face extérieure donne sur la Rivière , a été continuée sur le même dessein par les Rois suivans , & étoit restée imparfaite. La partie qui est à la gauche du Vestibule par où nous étions entrés , tant du côté du dehors que de celui de la Cour , a été construite sous le Régne de Louis XIII. ainsi que ce Vestibule , & continuée en retour d'équerre.

Louis XIV. qui avoit la noble & loüable ambition de faire mieux que ses Prédécesseurs, voulut achever ce superbe Edifice sur un dessein encore plus beau & plus grand. Il fit continuer ce qui restoit à faire pour rendre la Cour du Louvre plus vaste & exactement quarrée. Il appella d'Italie le fameux *Cavalier Bernin*, * Peintre , Sculpteur & Architecte du premier ordre. Celui - ci donna plusieurs

* *Jean-Laurent Bernin*, né à Naples en 1598. mort à Rome en 1680.

F

desseins différens pour l'achévement du Louvre ; & un François l'emporta encore cette fois sur l'Italien.

Un célébre Médecin de l'Académie Roiale des Sçiences , M. *Perrault* * , présenta ses desseins , qui , avec raison , furent préférés & acceptés par le Roi ; ce Prince , toujours guidé par le goût naturel qu'il avoit du beau , du noble , de l'excellent , sentit toute la supériorité de ce magnifique projet. En conséquence on commença ** par continuer les deux Aîles latérales sur le même Plan des autres , & à peu près de la même décoration extérieure. Seulement on les ex-

* *Claude Perrault* , né à Paris en 1613. mort en 1688. âgé de 75 ans, a traduit Vitruve ; il a donné les desseins de la Colonnade du Louvre, de l'Observatoire de Paris, de la Chapelle de Sçeaux , de l'Arc de Triomphe du Fauxbourg S. Antoine , dont on a détruit le modèle en 1716. Les fondemens en avoient été jettés en 1670. & le Bâtiment élevé jusqu'à la hauteur des Pieds-d'estaux des Colonnes. Tout ce qui étoit au-dessus n'étoit que de plâtre & pour servir de modèle.

** En 1665. sous le Ministère de M. *Colbert*. On cessa d'y travailler en 1670.

hauſſa d'un troiſième Ordre plus élevé que l'Attique qui régne ſur toutes les parties du Louvre conſtruites antérieurement, & cela pour donner plus d'élévation & de nobleſſe à ce beau Bâtiment ; ſauf par la ſuite à en faire autant partout. Ces nouvelles parties, comme vous voiez, ne ſont ni achevées ni couvertes entièrement.

Mais où M. *Perrault* fit voir l'étendue & l'élévation de ſon beau génie, ce fut à la façade extérieure du Louvre qui regarde S. *Germain l'Auxerrois*. En effet, où peut-on trouver plus de nobleſſe, plus d'élégance, plus de magnificence, que dans la ſuperbe Colonnade * qui décore cette façade ? Tous les ornemens de Sculpture qui y ſont répandus avec autant de ſageſſe que de richeſſe, ne ſont pas tous finis ; mais on peut aiſément ju-

* Elle a 87 toiſes & demie de longueur. Elle eſt d'Ordre Corinthien.

ger par ceux qui le font à peu près , de
ce que feroit devenu le refte , fi l'on eût
mis la dernière main à cet Ouvrage.
Quel heureux trait de génie , d'avoir ré-
duit cette grande Décoration à un feul
Ordre ! * Que cela lui donne de majefté !
Quelle idée n'offre-t'elle pas du Palais
qu'elle annonce ; de celui pour qui on
l'a bâti ; & de celui qui l'a imaginée !
Malheureufement ces belles entreprifes
furent arrêtées. Une longue guerre , des
changemens dans le Miniftère , la mort
de M. *Colbert* , & peut-être plus que tout
cela , le goût que Louis XIV. prit pour
Verfailles , & les grandes dépenfes qu'il
y fit , en furent caufe. Si ce Palais eût été
achevé felon les idées de M. *Perrault* ,
quel eft le Souverain qui pourroit fe
vanter d'avoir une habitation compara-
ble à celle-ci ? Tous les Etrangers , tous

* *Regia folis erat fublimibus alta Columnis.*

　　　　　　　Ovide , Metam. L. 2. v. 1.

les Voiageurs Curieux & Connoisseurs,
conviennent qu'ils n'ont rien vû qui en
approche, & que l'Italie qui renferme
tant de beaux Edifices, n'a rien qui ne
lui soit inférieur. A peine la Grèce &
l'ancienne Rome pourroient-elles le lui
disputer. Il exista peut-être des Bâtimens
plus remarquables par leur grandeur &
par leur élévation ; mais ce n'est pas un
énorme amas de pierres qui fait le prix
d'un Edifice ; c'est la beauté de sa forme
& la justesse de ses proportions.

Ne quittons pas encore cette Colonnade, me dit mon Ami, à qui elle causa
la plus grande admiration : éloignons-
nous pour la mieux voir, & pour jouir
agréablement du tout ensemble. Mais
quelle fut la mortification que nous res-
sentîmes, quand nous apperçûmes tout
ce qui s'opposoit à nos plaisirs ! Nous
vîmes avec douleur que ce magnifique
Edifice étoit offusqué par de vilaines &

F iij

chétives Maisons, qui en dérobent à là
vûe les plus considérables parties. Il est
vrai que, si on l'eût achevé, ces indignes
Bâtimens n'auroient pas subsisté, & qu'on
n'en verroit pas d'autres placés aujour-
d'hui jusques dans le milieu de la Cour.
Rien de plus facile au reste que de les
supprimer, puisque tout le terrain qu'oc-
cupent ces misérables constructions appartient au Roi. Espérons d'une longue
paix que nous devrons à un Monarque
sage & modéré, quoique vainqueur ;
espérons de son goût noble & grand, des
bonnes intentions & de l'administration
de celui * à qui il vient de confier là Direction générale de ses Bâtimens ; de la
façon de penser élevée du Ministre ** qui
a aujourd'hui le Département de Paris,
que le tems viendra où les bons François
& les Habitans de cette Capitale, qui se

*M. DE VANDIERES, aujourd'hui Directeur Général des
Bâtimens du Roi, &c. &c. &c. &c.
** M. le Comte D'ARGENSON.

font toujours diftingués par un zèle ardent pour leurs Souverains , auront le plaifir de voir achever un Palais digne d'être habité par ceux qui feront toujours l'objet de leur refpect & de leur amour. Hélas ! il y a eu un moment * qui n'eft pas encore éloigné , où ils ont cru pouvoir s'en flatter : qu'il revienne , & ils feront contens.

Suppofons , premièrement , que l'on achevât le Louvre ; fecondement , que l'on fit au Palais des Thuilleries les augmentations convenables & néceffaires , tant du côté de la Cour des Princes que de celle des Suiffes , fans cependant exiger qu'on continuât du côté de la Rue S. Honoré une Galerie pareille à celle qui eft du côté de la Rivière. Cette nouvelle Galerie feroit totalement inutile , & jetteroit dans des dépenfes trop confi-

* Le Roi avoit donné l'ordre d'achever le Louvre. D'autres opérations ont fufpendu l'exécution de ce beau projet ; efpérons qu'on le reprendra.

F iv

dérables. L'efpace contenu entre ces deux
Galeries feroit trop vafte : le Louvre &
le Palais des Thuilleries fe joignent & fe
communiquent par la Galerie qui eft du
côté de la Rivière , cela fuffit.

Suppofons, troifièmement, que les Rois
habitaffent quelquefois Paris , ou y fiffent
leur principale réfidence ; en ce cas , qui
peut arriver dans la fuite des tems , ne
feroit-il pas bien convenable qu'on tâ-
chât aujourd'hui d'achever de planter *les
Champs Elifées* , ainfi qu'on le propofe ?
Cet arrangement procureroit à l'habitation principale des Rois , un ornement
bien digne de leur magnificence & de la
grandeur de la Ville Capitale de leur
Roiaume.

Qu'on ne dife point : Les Rois n'habite-
ront jamais Paris & le Louvre ; que fçait-
on ? plufieurs Rois s'y font plû ; la même
chofe ne peut-elle pas encore arriver ?
Henri IV. s'y plaifoit beaucoup. Il s'en

falloit bien dans ce tems-là que Paris &
le Louvre fuſſent auſſi magnifiques qu'ils
le ſont aujourd'hui. Perſonne n'ignore
cette petite Anecdocte. Ce grand Prince
ſe faiſoit un jour un plaiſir de faire voir
les Appartemens du Louvre qu'il avoit
embellis, à un Ambaſſadeur d'Eſpagne
arrivé depuis peu à ſa Cour : il le con-
duiſit partout ; il demanda enſuite à
l'Ambaſſadeur ce qu'il en penſoit, & ſi le
Palais de Madrid étoit plus beau ? L'Ambaſſadeur en Courtiſan loua tout, mais
en Eſpagnol prévenu pour ſon Païs, il
ajouta que le Palais du Roi ſon Maître
étoit ſupérieur. Attendez M. l'Ambaſſadeur, lui dit le Roi , & le menant ſur le
Balcon qui eſt au bout de la Galerie du
Louvre, qu'on appelle aujourd'hui *la
Galerie d'Apollon* * , regardez , lui dit-il,
votre Maître a-t'il au bout de ſon Palais
une Rivière & une Ville comme celle

---

* Embellie par Louis XIV.

que vous voiez d'ici ? L'Ambassadeur se
tût & resta dans l'admiration. Que se-
roit-ce aujourd'hui , que cette Rivière &
cette Ville sont si considérablement embellis par les plus beaux Quais , les plus
beaux Ponts & les plus beaux Bâtimens
qui y ont été construits depuis ce tems-là
& qui augmentent tous les jours ?

Quand il a été question de former une
Place pour y ériger une Statue Equestre *
du Roi, un jeune Architecte ** présenta
un Projet qui attira l'attention des Connoisseurs : ce jeune homme plein de génie ***, de goût & de talent , étoit déja
connu , surtout par un beau Projet pour
la réédification de l'Hôpital & de l'Eglise
des *Quinze-vingts* : Projet qui fut admiré

* Pourquoi toujours des Statues Equestres ? Pourquoi pas
une Statue du Roi debout ou assis tranquillement au milieu
de sa Ville Capitale ? un Roi tranquille , Pacificateur , &
fixant chez lui , la Paix, l'Abondance , les Sciences & les
Beaux Arts.

** Le Sieur *Laurent Destouches*, à présent Architecte de la
Ville de Paris.

*** Ces trois choses sont bien remarquables dans un Ar-
tiste. Le *Génie* invente, le *Goût* choisit, & le *Talent* exécute.

de tout le monde, & qui cependant n'a pas été exécuté.

Le Plan qu'il donna pour la conftruction de cette Place, avoit encore l'avantage de concourir avec l'achévement du Louvre. Un côté de la Place qu'il imagina pour la Statue Equeftre, auroit été formé par la belle Colonnade de M. *Perrault*; un autre par le Quai fur la Rivière; un troifième vis-à-vis de ce dernier, par un magnifique *Hôtel de Ville*; enfin le côté en face de la Colonnade auroit contenu des Hôtels pour le *Grand Confeil*, pour *la Monnoie*, pour *les Poftes*, pour *le Garde-Meuble du Roi*, &c, &c, &c. Une Rue fort large fe feroit trouvée vis-à-vis la grande Porte du Louvre, & auroit abouti dans la Rue des Prouvaires. Il eft vrai que pour donner à cette Place l'étendue qu'exigeoit la magnificence des Bâtimens qu'elle auroit contenus, on fe feroit trouvé dans l'indifpenfable nécef-

fité de démolir l'Eglife de S. *Germain
l'Auxerrois* ; mais on l'auroit rebâtie, &
mieux qu'elle n'eft, dans l'endroit où eft
aujourd'hui l'*Hôtel des Monnoies*, dont
les Bâtimens font indignes de la Capitale
du Roiaume. Cette Eglife de S. *Germain*
auroit été conftruite fur les fonds des
Economats, ainfi qu'on en a ufé à l'égard
de la nouvelle Paroiffe de Verfailles, &
par cet arrangement il n'en eût rien coûté
au Roi ni à la Ville.

Pour ce qui regarde la Place même,
deftinée à la Statue Equeftre, elle auroit
exigé bien moins de dépenfe que beaucoup d'autres projettées à d'autres endroits, puifque le côté formé par la Colonnade du Louvre eft bâti ; qu'on auroit
laiffé le côté du Quai ouvert comme il
eft, & qu'il ne feroit refté que deux côtés
à bâtir. Quels avantages d'ailleurs dans la
fituation & les accompagnemens de cette
Place ! Ceux qui feroient venus du Faux-

bourg S. Germain dans la partie de la Ville qui est au nord de la Rivière, en passant sur le Pont-Neuf auroient apperçû tout d'un coup la superbe Façade du Louvre. En traversant la Place, ou en la longeant du côté du Quai, ils auroient découvert le nouvel *Hôtel de Ville* & les beaux Bâtimens qui auroient achevé de la former. Il n'est pas aisé d'imaginer un coup d'œil plus satisfaisant.

Tous ceux à qui le jeune Architecte fit voir son Projet, en furent enchantés; quelques-uns trouvèrent seulement que la dépense en seroit encore trop forte; pour y obvier, il proposa de ne nettoier, devant le Louvre, que l'emplacement contenu entre la Colonnade & le Portail de *S. Germain l'Auxerrois*, sauf à l'achever, le restaurer, ou le cacher par un autre Portail de meilleur goût, comme on a fait à S. *Gervais*. Ses projets furent admirés de tout le monde, & on ne les accepta pas ; on projetta plusieurs autres Places dans différens endroits du Fauxbourg S. Germain ; aucun de ses desseins n'a eu lieu ; & enfin on s'est déterminé, comme je l'ai observé plus haut, à placer la Statue Equestre du Roi dans l'Esplanade des *Champs Elisées*, en face du Pont-Tournant des Thuilleries. La forme & la décoration ne sont point encore décidées. La situation en est avantageuse à bien des égards ; on peut y faire du beau, pourvû qu'on n'y fasse point trop de Bâtimens, ce qui ôteroit la vûe d'un des plus beaux endroits qu'il y ait dans le monde connu. Cependant il faut convenir que la Place projettée devant le Louvre auroit eû l'avantage d'être dans la Ville, & au milieu d'un de ses plus beaux quartiers : avantage que l'autre place n'aura pas, puisqu'elle sera au-dehors.

Nous terminâmes là notre courte promenade & nos longues conversations. Je n'entrai, comme on a vû, avec mon Ami dans aucun détail fur les trois articles que nous traitâmes ; je ne lui préfentai que quelques objets. Je lui indiquai, avant que de nous féparer, les Livres dans lefquels on trouve ces détails ; je lui confeillai de les lire quand il en auroit le loifir ; il me le promit & nous nous quittâmes. A quelque tems delà nous nous rejoignîmes ; mon Ami avoit beaucoup lû, beaucoup vû ; il avoit réfléchi & comparé ; je ne fus point étonné de le trouver *Connoiffeur*. Ce me fut une nouvelle preuve de ce que j'ai ofé avancer dans mon Avertiffement, qu'avec quelques difpofitions naturelles, de l'application, de la réflèxion, & en comparant, on pouvoit acquérir bien des Connoiffances en ces matières.

On le peut, je l'effaie ; un plus Sçavant le faffe.
LA FONTAINE, L. 2. Fab. 1.

F I N.

www.ingramcontent.com/pod-product-compliance
Ingram Content Group UK Ltd.
Pitfield, Milton Keynes, MK11 3LW, UK
UKHW020010100726
13658UKWH00002B/895